글 장선혜

한국외국어대학교에서 신문방송학을 공부했으며, 현재 출판기획사 '하늘땅' 대표로 있습니다.
쓴 책으로는 〈수학나라 이야기쟁이〉, 〈과일 사세요〉 등이 있으며,
〈탄탄 수학동화〉, 〈꼬꼬마 과학자〉, 〈참 똑똑한 사회씨〉, 〈미술관에 간 꼬마 피카소〉 등
여러 가지 시리즈를 기획하고 집필하였습니다.

그림 하늘땅, 서현주

하늘땅은 그림책을 기획하고 만들며, 특별한 기획에 맞는 그림책 작업도 하고 있습니다.
이 책의 사진을 담당한 서현주는 이화여자대학교 대학원에서 사진을 공부했으며,
현재 예술 나눔 단체인 '삼분의 이'의 대표와 '쿤스트독 미술 연구소'의 연구원으로 있습니다.
자폐나 장애를 가진 아이들에게 사진을 가르치고 있으며,
이를 통해 아이들의 꿈에 날개를 달아 주기 위해 노력하고 있습니다.

감수 신항균

성균관대학교 대학원 수학과를 졸업했습니다.
공군사관학교와 우석대학교 교수를 역임했고,
미국 애리조나 주립대학교 수학과 교환교수로도 활동한 바 있습니다.
지금은 서울교육대학교 수학교육과 교수로 재직 중이며,
동 대학교 초등수학교육연구소장으로 있습니다.
또한 서울교육대학교 영재교육원 운영위원으로도 활동하고 있습니다.
초등학교와 중학교, 고등학교에 이르기까지 수학교과서 집필책임교수로 활동했고,
저서로는 〈수학사와 수학이야기〉, 〈클릭 수학나라〉, 〈영재들의 1등급 수학교실 시리즈〉가 있습니다.

2단계 오른쪽 왼쪽 20
오른쪽? 왼쪽?

글 장선혜 그림 하늘땅, 서현주 감수 신항균
펴낸곳 (주)아람키즈 | 펴낸이 이소영 | 주소 서울특별시 성동구 성수이로 147 아이에스비즈타워 2F
고객센터 1644-4521 | 팩스 02-468-5548 | 홈페이지 www.aramkids.co.kr | 출판등록 제2020-000011호
기획 편집 디자인 (주)아람키즈 하늘땅
ISBN 979-11-6543-561-5 979-11-6543-509-7(세트)

ⓒ (주)아람키즈
이 책은 저작권법에 따라 보호를 받는 저작물이므로 무단전재와 무단복제를 금합니다. 이 책 내용의 전부 또는 일부를 이용하려면 저작권자의 서면 동의를 받아야 합니다.

• 눈을 편안하게 해 주는 친환경 식물성 원료인 콩기름 잉크로 인쇄하였습니다.
⚠ 책 모서리가 날카로워 다칠 수 있으니 사람을 향해 던지거나 떨어뜨리지 마십시오.
⚠ 종이에 베이거나 긁힐 수 있으므로 주의해 주십시오.

오른쪽? 왼쪽?

글 장선혜 · 그림 하늘땅, 서현주 · 감수 신항균

아람키즈

오른쪽? 왼쪽?
왼쪽? 오른쪽?
어느 쪽인지 알아맞히기가 어렵다고?
지금부터 내가 알려 주는 *비밀을 듣고 나면
오른쪽, 왼쪽을 알아맞히는 건 식은 죽 먹기야.

왼쪽, 오른쪽의 비밀!
손을 보면 알 수 있어.
아래 손 중에 반지를 낀 손은 왼손,
왼손은 **왼쪽**!
손톱에 색칠한 손은 오른손,
오른손은 **오른쪽**!

왼쪽!

왼손

오른손

오른쪽!

오른손으로 밥 먹는 친구들은
오른쪽을 찾기가 쉽겠지?

왼쪽, 오른쪽의 두 번째 비밀!
시계를 보면 알 수 있지.
시계의 작은바늘이 9자를 *가리키고 있어.
9시의 작은바늘이 가리키는 쪽이 **왼쪽**이야.

왼쪽!

점심 먹고 놀다 보면 오후 3시가 되지.
3시의 작은바늘이 가리키는 쪽이 **오른쪽**이야.

오른쪽!

왼손, 오른손!
9시, 3시!
이제 왼쪽, 오른쪽을 찾을 수 있겠지?

파랑 *표지판은 **왼쪽**!

길을 건너도 좋아요.

왼쪽을 가리킬 때는 왼손을,
오른쪽을 가리킬 때는 오른손을
번쩍 들게 하면 더 기억하기 좋아요.

빨강 *테두리의 노랑 표지판은 **오른쪽**!

높은 턱이 있으니 조심해요.

왼쪽

빨강 마녀가
왼쪽에 있으면,

오른쪽

검정 마녀는
어느 쪽에 있게?

왼쪽

두 손을 든 아가씨는 **왼쪽**에 있어.
*물구나무선 아저씨는 어느 쪽에 있게?

오른쪽

왼쪽

귀여운 아줌마는 **오른쪽**에 있어.
*****멋쟁이** 할아버지는 어느 쪽에 있게?

*화장실 표시야.
여자 화장실은 **오른쪽**에 있어.
남자 화장실은 어느 쪽에 있게?

왼쪽

귀여운 생쥐랑 주황 코끼리가 있어.

오른쪽

왼쪽에 있는 건 뭐게?
또 **오른쪽**에 있는 건 뭐게?

초록 로봇이랑 파랑 오징어가 있어.
왼쪽에 있는 건 뭐게?
또 **오른쪽**에 있는 건 뭐게?

빨강 모자 눈사람이랑 파랑 모자 눈사람이 있어.
파랑 모자 눈사람은 어느 쪽에 있게?
또 빨강 모자 눈사람은 어느 쪽에 있게?

가장 **오른쪽**에 있는 물고기는 주황 물고기일까, 하양 물고기일까?
또 가장 **왼쪽**에 있는 물고기는 주황 물고기일까, 하양 물고기일까?

자, 어때?
이제 오른쪽, 왼쪽을 알아맞히는 건 자신 있지?

 엄마가 보기

오른쪽, 왼쪽을 알아보아요

대부분의 아이들은 오른쪽과 왼쪽을 자주 헷갈려 합니다. 오른쪽과 왼쪽을 확실히 익히려면 아이가 자신의 몸을 기준으로 **오른손이 있는 곳이 오른쪽, 왼손이 있는 곳이 왼쪽**이라고 아는 것이 좋습니다. 더불어 오른쪽과 왼쪽이 위치 관계뿐만 아니라 방향을 나타내기도 한다는 것을 알려 주세요.

예를 들면 장난감 기차의 철로에 갈림길을 만들고 아이에게 오른쪽으로 갈지, 왼쪽으로 갈지 물어보세요. 이 과정이 반복되는 동안 아이는 오른쪽과 왼쪽을 구별하게 됩니다. 시계를 가지고 오른쪽, 왼쪽을 설명해도 좋습니다. 누가 어디서 보아도 시곗바늘이 돌아가는 방향이 오른쪽이라는 사실은 변하지 않으니까요. 아이가 자신을 기준으로 오른쪽과 왼쪽을 알게 되었다면 거울에 비친 모습에서는 오른쪽과 왼쪽이 바뀐다는 것도 설명해 주세요.

 아이가 보기

오른쪽과 왼쪽에 무엇이 있나요?

왼쪽에는 빨강 마녀가, **오른쪽**에는 검정 마녀가 있어요.

왼쪽에는 귀여운 생쥐가, **오른쪽**에는 주황 코끼리가 있어요.

 아이와 함께 하기

함께 해 보아요

그림을 보고 어느 쪽이 왼쪽이고 오른쪽인지
알맞은 위치를 나타낸 말에 ○ 해 보아요.

● 꽃반지를 낀 왼손은　(오른쪽　왼쪽) 이고,

　손톱을 색칠한 오른손은　(오른쪽　왼쪽) 이에요.

2단계 공간 도형
오른쪽 왼쪽

- 두 손을 든 아가씨는 (오른쪽 | 왼쪽) 에 있고,

 물구나무선 아저씨는 (오른쪽 | 왼쪽) 에 있어요.